Kolofon
©Mathias Jansson (2021)
"Smittan och två andra dramer"
ISBN: 978-91-86915-53-7

Utgiven av:

 "jag behöver inget förlag"
c/o Mathias Jansson
Tvärvägen 23
232 52 Åkarp
http://mathiasjansson72.blogspot.se/

Tryckt: Lulu.com

Smittan

Scen: *En fjällstuga bestående av ett rum. Enkelt inredd med sängar, kök och bord. Vid dörren står skidutrustning och det hänger vinterkläder på hängarna. I stugans två sängar ligger männen och sover. En vit katt sitter mitt på scenen och tvättar sina tassar. Den ena mannen vaknar. Sträcker på sig. Känner av kylan i rummet och tittar bort mot kaminen som slocknat. Han kliver ur sängen och går bort till kaminen och tänder en brasa. Går sedan bort till fönstret och försöker titta ut, men han ser inget, allt är vitt. Knäpper på radion på bordet.*

Radion: Och så nyheterna. Smittan breder ut sig i landet. Flera nya fall har konstaterats. Myndigheterna uppmanar till försiktighet och kommer under dagen att återkomma med nya rekommendationer för att minska smittspridningen.

Den andra mannen vaknar.

M2: Vad kallt det är?

M1: Ja, kaminen hade slocknat. Jag fick tända den igen.

M2: Hur ser det ut idag?

M1: Jag vet inte det är alldeles vitt där ute.

Radion: Och så det lokala vädret. Gårdagens snöstorm har ställt till stora besvär i länet. Flera vägar är avstängda och många abonnenter är fortfarande utan ström. Innevånarna uppmanas att hålla sig inomhus och inte bege sig ut i onödan. Under dagen kommer det att fortsätta snöa, men avtar mot kvällen. Temperaturen kommer att ligga runt 10 minusgrader.

M2: Snöstorm? Har du märkt av någon storm?

M1: Nej, när jag gick och la mig var det lugnt. Men jag sover ganska hårt.

M2: *Kliver upp ur sängen.* Jag måste kolla hur det ser ut där ute. *Går fram till dörren. Försöker öppna den, men den är igensnöad.* Jag får inte upp den.

M1: *Går fram till fönstret. Försöker öppna det.* Men det är *igentäckt av snö.* Vi verkar vara insnöade.

M2: Typiskt. När man äntligen kommer iväg på semester och har sett fram emot en skön helg i fjällen och få åka skidor så blir man insnöad.

M1: Det skulle bli bättre till kvällen. Vi hinner kanske åka imorgon också.

M2: Ja, kanske det. Men jag gillar inte att vara instängd. Det är klaustrofobiskt som ett kammarspel.

M1: Lite ironiskt att när vi äntligen kommer bort från teaterns instängda värld så blir vi fast på en annan scen.

M2: Ja, hela livet verkar ibland vara som en enda lång föreställning.

Katten kommer fram och stryker sig runt männens ben.

M1: En katt? Var kommer den ifrån?

M2: Jag vet inte. Jag har inte sett den förut.

M1: Den måste ha smitit in igår kväll.

Radion: Och nu till en extra presskonferens från myndigheten om smittan. -Ja som alla vet har smittan fortsatt att spridit sig. Läget är allvarligt och vi rekommenderar därför alla noga tvätta händerna och hålla avstånd. Vi rekommenderar att man tvättar händerna med tvål i minst två minuter och håller två meters avstånd. Håll i och håll ut!

Männen tittar frågande på varandra.

M1: Vad är det för smitta?

M2: Jag vet inte. Jag har inte hört något om den.

M1: Det var ju ingen smitta när vi reste.

M2: Måste har skett ganska snabbt. Men för oss är det väl ingen fara? Det är ju bara vi här.

M1: Nej, men man vill ju veta vad det är för smitta. Om det är farligt.

M2: Det är nog inte så farligt. I så fall hade man väl stängt ner hela samhället med en gång?

M1: Kanske det, men någon av oss kanske redan bär på smittan? Vad är symptomen? Hur vet man att man är drabbad?

M2: Varför skulle vi vara smittade?

M1: Vi träffar ju mycket folk på teatern. Innan vi åkte var det ju en stor avslutningsfest med kram- och pusskalas när vi firade att säsongen var över. Någon kunde ju ha varit smittad och nu bär någon av oss på smittan. Vad händer om vi blir sjuka? Vi är ju insnöade. Jag tycker inte om det. Det känns otäckt.

M2: Ingen av oss är sjuka. Ta det lugnt. Nu ska vi ha lite frukost. En kopp kaffe skulle sitta fint. *Går bort till köket och förbereder kaffet.* Vi har ju ström och värme så vi klarar oss. *Ställer fram kaffe med lite smör och bröd. De sitter vid bordet och äter och tittar ut på det vita fönstret.*

Radion: Vi avbryter för en extra sändning om smittan. Myndigheten har vid en extra inkallad presskonferens kommit med skärpta rekommendationer. Håll ett avstånd på 4 meter till andra människor. Munskydd ska bäras hela tiden, även inomhus. Brott mot munskyddslagen kan innebära strafföreläggande. Och som vanligt tvätta händerna regelbundet. Håll i och håll ut!

M1: Fyra meter!? Hur ska det gå till? Stugan är ju inte så stor. Och munskydd. Vi har ju inga munskydd här. Hur ska vi får tag i munskydd?

M2: Ta det lugnt. Det är ju bara rekommendationer. Man kan ju inte hålla fyra meters avstånd i en liten fjällstuga. Det fungerar väl för folk som bor i stora villor, men inte här. Tanken kan ju inte vara att en av oss ska stå ute i snöstormen och frysa ihjäl, eller hur?

M1: Men vi måste hålla avståndet.

M2: Vi behöver ju inte vara uppe i varandra om det är det du menar. Det är inte så at jag tänker gå omkring och krama och pussa på dig. När vädret blir bättre så sticker vi ut i den friska luften och åker skidor. Då är det ju inga problem med avståndet. Du brukar ju ändå alltid hamna en bit på efterkälken i skidspåret.

M1: Men vi måste ha ansiktsmasker. *Reser sig upp. Går och letar bland sina kläder. Hittar en halsduk som han sveper över näsa och munnen.*

M2: Vad gör du?

M1: Man skulle ha ansiktsskydd. Du borde också täcka ditt ansikte.

M2: Ja, aldrig. Jag tänker inte springa omkring med en halsduk inomhus. Glöm det!

M1: Men det är ju lag på att ha ansiktsmask! Du hörde ju vad de sa på radion.

M2: Ja, men vem kollar det här. Vi är ju insnöade. Ingen av oss är ju smittade. Du överdriver det hela.

M1: Hur kan du veta det? Du vet ju inte vad det är för smitta, vilka symptomen är och hur allvarligt det är.

M2: Det är förstås lite konstigt att de inte berättar vad det är för smitta och hur den påverkar en. Men det är kanske för att det inte är så allvarligt. Som en influensa typ.

M1: Jag tänker i alla fall ha munskydd på mig. Jag vill inte få böter eller riskera att bli smittad.

M2: Du gör som du vill.

Radion: Vi avbryter med en extra sändning om smittan. Vi har fått nya alarmerande uppgifter från myndigheten. Sjukvården är ansträngd och intensivvårdsplatserna börjar ta slut. Det rapporteras också om brist på skyddsmaterial. Myndigheten har därför gått ut med nya skarpare rekommendationer. Max två personer får vistas under samma tak och ska hålla ett avstånd på sex meter mellan varandra. Förutom skyddsmask ska nu alla bära ansiktsvisir. Brott mot rekommendationerna kan leda till straffpåföljd. Och som vanligt tvätta händerna hela tiden och håll i och håll ut.

M1: Hörde du. Sex meter! Hur ska vi klara av det i den här lilla stugan?

M2: Det är ju tur att vi bara är två annars hade du fått gått ut i snöstormen.

M1: Det är inget att skämta om. Hur ska jag få tag i ett ansiktsvisir? *Letar runt i stugan medan han försöker hålla avstånd från den andra mannen. Hittar ett par skidglasögon som han tar på sig. Ställer sig med ryggen mot väggen så långt som möjligt från den andra mannen.*

 M2: Allvarligt. Tänker du stå där och trycka hela dagen?

M1: Jag tänker inte bli smittad.

M2: Du gör som du vill, men det är lite märkligt att du som aldrig tidigare varit speciellt rädd för att bli sjuk nu plötsligt drabbats av panik. Det var ju inga problem att resa ner till Afrika för några år sedan och spela teater ute i bushen men gud vet vilka sjukdomar som fanns därnere, Malaria, Dysenteri, Ebola, Spetälska, Digerdöden...

M1: Det är inget att skämta om. Då visste jag ju vilka farorna var. Det här är ju en helt ny smitta. Ingen vet hur den drabbar dig och vilka konsekvenser den kan få. Det finns vad jag vet inget botemedel. Digerdöden? Det är inget att skämta om. Det var en fruktansvärd sjukdom. Miljoner människor dog. Det vet du lika väl som jag. Tänk om man tagit samma försiktighetsåtgärder när digerdöden bröt ut som myndigheterna gör nu? Hur många liv skulle inte då ha sparats? Har du tänkt på de va!

M2: Ja, ja, jag menar bara att man måste hålla sig lugn och inte överdriva. Det finns ingen anledning att drabbas av panik. Jag är också orolig, men jag tänker inte gå till överdrift bara för att informationen från myndigheterna är bristfällig och ändras hela tiden. Då sitter jag hellre lugnt i båten.

Katten kommer gående och sätter sig mitt på golvet. Tvättar sina tassar och utbrister "Era dumma Knerws".

M1: Hörde du det där?

M2: Jag vet inte.

M1: Katten pratade!

M2: Hmm, jag vet inte. Sa den inte bara mjauu?

M1: Jag tyckte att den pratade.

M2: Nu får vi lugna ner oss. Det är sånt här som händer när man stressar upp sig. Man börjar inbilla sig saker.

M1: Du har rätt. Man får ta ett stort andetag och lugna ner sig.

Radion: Vi avbryter igen för en extrainsatt sändning från myndigheten. -Läget är mycket ansträngt. Vi har fått många rapporter om märkliga symptom pga. av smittan som är mycket oroväckande. Smittan verkar nu finnas överallt i samhället och vi måste försöka begränsa spridningen och trycka ner smittkurvan snabbt. Därför har vi beslutat att omedelbart förbjuda människor att ta stora andetag och rekommenderar bara korta andetag, helst så få som möjligt. (*M1 håller andan*) Max 1 person får vistas i samma rum och ska hålla ett avstånd på åtta meter till andra personer i samma byggnad. Förutom skyddsmask, ansiktsvisir ska alla nu bära heltäckande skyddsdräkt. Brott mot rekommendationerna kan leda till straffpåföljd. Och som vanligt tvätta händerna hela tiden och håll i och håll ut.

M1: *Försöker undvika att andas.* Hörde du? Bara en person per rum. Jag kanske kan vara på toaletten? Räknas det som ett eget rum`? Skyddsdräkt. Tror du skoteroverall räknas som skyddsdräkt?

M2: Det är ju absurt. Ingen kan följa alla dem där rekommendationerna. Jag undrar om de ens vet vad de gör.

M1: Såklart det vet! Det är ju experter. Jag måste ta mig ut härifrån innan jag blir smittad.

Katten: Du kommer att frysa ihjäl din dumma Knerw!

M1: Hörde du det där eller håller jag på att bli tokig.

M2: Jag tror det. Nej, det måste ha varit vinden som lät.

M1: Katten pratade.

Katten: Är det så märkligt? Det är bara ni som är så trångsynta era dumma små Knerws att ni inte kan föreställa er en katt som pratar. *Katten reser sig upp på bakbenen och antar en mer mänsklig skepnad.*

M2: Jag håller på att bli galen! Är det smittan?

M1: Jag har svårt att andas. Jag känner mig yr. *Försöker slita av sig halsduken och skidglasögonen innan han faller ihop på golvet.*

M2: Det flimrar och blixtrar framför ögonen. Vad är det som händer med mig? Är jag sjuk? *Försöker resa sig från stolen men faller ihop på golvet.*

Scenen förbytts till en drömscen som utspelar sig på en teater. De två männen i vita labbrockar kommer in på scenen. De baxar in en stor sten på scenen.

M1: Det här kommer aldrig att fungera.

M2: Vaddå?

M1: Att någon ska tro att den är stenen är en avancerad partikelaccelerator.

M2: Du ska inte misstro publikens inlevelseförmåga. Du måste skapa en suggestion, en illusion hos betraktaren. Så här: Se här på denna avancerade partikelaccelerator som vi två framstående forskare håller på att justera då den har uppdaterats och ska starta om imorgon. Vi måste därför jobba över sent och göra en massa olika tester på den här avancerade partikelacceleratorn som ni ser framför er.

M1. Få du ibland en känsla av deja vu?

M2: Hur då?

M1: Som nu. Jag fick en känsla av deja vu just nu. Precis som om jag hade varit med om något liknande fast på en annan scen?

M2: Det som du kallar deja vu kan ju vara känningar från ett alternativt universum. Du känner väl till teorin att varje val vi gör resulterar i ett parallellt universum? Så i ett universum är det här bara en vanlig sten och i ett annat en avancerad partikelaccelerator.

M1: Det är ju bara en vanlig sten i det hör universumet, eller rättare sagt en teatersten av frigolit. Menar du att i ett parallellt universum så hade vi haft råd att bygga en mer övertygande partikelaccelerator?

M2: Ja ungefär. Och hade du inte ätit frukost i morse så hade vi kanske aldrig spelat den här pjäsen idag.

M1: Nu åt jag ju ingen frukost. Jag hann inte för jag blev tvungen att lämna min son på dagis.

M2: Men om din son Kalle inte ramlat på trottoaren och blivit ledsen och du blivit tvungen att stanna för att trösta honom så hade ni inte missat bussen och blivit tvungna att ta nästa buss och då hade du inte heller träffat den där snygga kvinnan som gav dig ditt telefonnummer?

M1: Vänta, hur vet du allt det där?

M2: Jag skulle kunna säga att jag läste det i manuset, men nu var det så att kvinnan som du träffade på bussen var min syster och hon ringde mig sedan och berättade om vilken trevlig kille hon träffat. Av beskrivningen förstod jag att det måste ha varit du.

M1: Okej, jag förstår. Frågan är väl om det här är det parallella universumet där du pladdrar i ett och pjäsen aldrig hinner börja eller om den version där du håller dig till manuset?

M2: Det var faktiskt du som började prata om deja vu. Men vi är alltså två forskare som håller på att kalibrera den här avancerade partikelacceleratorn då plötsligt ett starkt vitt sken slukar oss.

Scenen lyses upp av ett starkt vitt ljus. När ljuset lägger sig befinner sig de två forskarna i en stor genomskinlig bubbla i ett stort vitt rum. Utanför bubblan står Katten:

Katten: Lyssna noga Knrews! Vi har åter kallat er hit då ert senaste besök väckte en del frågor.

M1: Jag säger bara deja vu. Vilket parallellt universum är det här då?

M2: Jag vet inte, det känns bara skrämmande bekant.

K: Är era minnesenheter fullständigt odugliga? Förra gången förklarade jag ju att det som ni kallar universum bara är ett fängelse, en illusion som vi de högsta skapat för att straffa er för era brott. Det kan alltså inte finnas några parallella universum då ert är det enda. Det är en unik lösning som aldrig tidigare har uppförts. Alltid dessa avbrott när man pratar med er art. Vi de högsta gjorde efter ert senaste flyktförsök...

M1: Ursäkta? Flyktförsök? Vad ska vi ha flytt ifrån? Varken jag eller publiken hänger riktigt med i handlingen eftersom det förutsätter att man har sett den tidigare föreställningen om "Stenen". Vilket jag tvivlat på att någon i publiken har gjort.

M2: Jag visste att det var något lurt med den där stenen.

K: Din Knerw! Avbryt mig inte hela tiden. Bara för att er art är så slötänkande och minnessvaga ska jag repetera det hela igen. Ni tillhörde från början den underlägsna arten Knrews men var ändå en del av det högre. Två av er lyckades på något sätt komma över ett mormf, en mormf är en form av energi som används för att öka ens jom, som är en form av medvetandenivå. För ert brott mot de högstas lagar straffades ni genom att placeras i en cell som ni kallar jorden i det fängelse som ni benämner universum. Ni lyckade fly eftersom någon hade idiot hade angett fel decimalvärde på Planck konstanten vilket gjorde det möjligt att rubba tidsväven och fly, men det är nu utrett och åtgärdat.

M1: Wow deja vu! Hela det där stycket kändes som klipp och klistrat från något jag upplevt tidigare i mitt liv.

K: Tyst din dumma Knrew! Vi har också gjort en grundlig genomgång av konstruktionen av ert universum och vi har gjort några justeringar så att det inte ska gå att fly i framtiden. Samtidigt tog vi en titt på er historia och vad ni åstadkommit under er fångenskap. Vi blev så klart besvikna, något annat var inte att vänta. Era tekniska och vetenskapliga framsteg är obefintliga, ni har på alla områden misslyckats totalt med att uppnå någonting av värde. Det kanske bero på att ni lever i en tredimensionell värld och har ett primitivt sätt att tänka och uttrycka er på. Och med ett sådant banalt kommunikationsmedel som era språk utgör kan man inte heller förvänta sig att ni ska kunna uttrycka något som ens skulle vara en avlägsen idé om det högre. Det verkar inte bara som om era fysiska väsen utan även ert själsliga väsen är fångade i ett fängelse. Det ni kallar språk hjälper er verkligen inte att nå några högre medvetandenivåer. Vi kan se att några av er har tänkt den tanken men tyvärr sedan kapitulerat totalt och hamnat i underliga cirkelresonemang. "Om ett lejon kunde tala, skulle vi ändå inte förstå vad det sa." Det är väl det närmaste ni kommit i att förstå ert språks brister.

M1: Jag måste protestera. Vi har kommit väldigt långt inom vetenskapen, medicinen, tekniken och kulturen. Vi har gjort många banbrytande vetenskapliga upptäcker de senaste hundra åren.

K: Upptäckter? Ni står och läser i en manual om hur en bil fungerar men lyckas inte ens få upp bildörren. Är det vad ni menar med framstående upptäckter och framsteg? Ni har inte lyckats skapa något nytt under hela er arts existens. När skapade er art en ny naturlag eller något som simpelt som nya elementarpartiklar senast?

M2: Men naturlagarna kan man inte ändra. De är ju en del av universum?

K: Allt kan skapas av den som inte är begränsad. Vi skapade till exempel ert universum.

M1: Är ni Gud?

K: Gud? Ja just det, er förvirrade föreställning om att ett högre väsen har skapat er. Vi skapade visserligen ert universum, men det är ingen större skillnad om ni skulle bygga en stad. Det behövs ingen gud för att skapa något så simpelt, det behövs bara medvetande.

M2: Men finns det fler universum som vårt.

K: Nej har jag ju redan sagt.

M2: Men vad finns utanför då?

K: Det är omöjligt att försöka förklara för er med er begränsade föreställningsvärld vad som finns utanför ert universum. Vi kan bara översätta det till att det som finns utanför bara är. Det är ett tillstånd, inte en plats. Det närmast vi kan komma på ert språk är det som ni kallar för fantasi. I er fantasi kan ni föreställa er, visserligen väldigt begränsat, platser, saker, tillstånd och känslor som bara är. De finns inte, de bara är. Ni kan i fantasin föreställa er sådant som inte finns eller skulle vara omöjligt att skapa i ert universum. Vi tror att er fantasi är en rest från när ni levde som Knews. Skillnaden mellan er och oss är att vi är obegränsade, vi hindras inte av tid, rum, naturlagar eller andra konstanter, då vi bara är. För oss är allt möjligt.

M1: Så ni kan skapa en sten som är så stor så ni inte orkar lyfta den.

K: En sten? Ja.

M1: Hur då? Om ni inte kan lyfta den hur kan ni då påstå att ni är obegränsade.

K: Ni är bra roliga med er barnsliga föreställningsvärld. Om du fantiserar om en jättestor sten, som du i normala fall inte kan lyfta, kan du inte sedan ändra din fantasi så att du får superkrafter eller att gravitationen förändras så att du enkelt kan flytta stenen.

M1: Jo, men….

K: Skulle inte vi som är obegränsade kunna skapa en sten som är så stor och tung att den är oändlig i sin massa men samtidigt är den tyngdlös och liten som ett sandkorn? Allt kan skapas, begräsningen ligger i ett väsens medvetande, och vi de högsta är obegränsade.

M2: Men ni funderar aldrig på vem som har skapat er och den plats som ni befinner er på? Det finns kanske ett ännu högre väsen som skapat er?

K: Ännu en naiv tanke hos er art. Det måste finnas något högre, det måste finnas en början och ett slut, det måste finnas en mening med allt. I det tillstånd vi befinner oss i är det meningslösa frågor då vi bara är. Era frågor utgår från att en primitiv uppfattning av det som ni upplever som verkligheten. Det är bara varelser som är begränsade som funderar på vad som finns utanför deras egen trånga sfär.

M1: Men kan vi inte öka vårt medvetande så att vi blir mer som ni? Om vi en gång tillhört de höga kan vi då inte aktivera de krafterna igen.

K: Ert fängelse är konstruerat så inte ni kan det, det är ett straff för ert brott att berövas de högstas egenskaper. Rymdväven begränsar er. Först när ni återvänder till de högsta skulle ert medvetande kunna återgå till normal nivå.

M1: Men är det inte då ganska orättvist att anklaga oss för att vara primitiva då ni själva har satt gränserna för vår förmåga. Hur kan ni förvänta er att vi ska kunna skapa någonting utanför de fängelse ni skapat för att begränsa oss.

K: Herregud vilket gnäll. Bara för att vi har begränsat er så betyder det inte att ni inte kan utvecklas till ett högre medvetande. Ni är ju trots allt en del av det högre. Men man måste ju anstränga sig lite man kan inte bara stå och stirrar på gallret och tro det ska försvinna, man måste kunna se andra lösningar på verkligheten.

M2: Men om ni släppte ut oss från här bubblan skulle vi då återgå till de högsta.

K: Ni skulle upplösas i energi då inga 3-dimensionella kroppar kan existera här.

M1: Så ni består av energi?

K: En slags form av energi, men inte den form ni tänker på. Det är ännu en sak som ert språk inte kan hantera och beskriva. Det närmaste vi kan komma är att vi består av det som är motsatsen till att inte vara.

M2: Hur många av er finns det?

K: Återigen så begränsas vi av vad ert språk kan beskriva. Vi är ingen, men samtidigt alla. Man skulle kunna säga att vi är en organism av olika medvetande. Det finns inga individer utan bara ett kollektiv, en helhet.

M1: Men om ni är en enda organism hur kan ni då förvissa oss som ändå är en del av er. Hur förvisar ni en del av er själva?

K: Även om ni är fängslade så är ni en del av oss. Det är bara ni som upplever er som begränsade och inte vi. Även en fisk kan vara en del av havet även om den inte är havet.

M1. Så religioner som tror att man uppgår i ett högre medvetande efter döden har alltså rätt?

K: De förstår grunden, men har så klart helt fel. Eftersom döden innebär bara döden. Inget annat. Det finns inget efter döden och ert fängelse hindrar er från att nå det högsta igen.

M2: Men vad skulle hända om hela mänskligheten utplånades och jorden exploderade. Skulle vi då återgå till ett högre medvetande?

K: Nej, ni som art skulle dö ut, men ni skulle fortfarande vara fångade i ert universum, er energi kan inte förstöras den tillhör det högsta, men ni kommer att få tillbringa er fortsatta tid i en tråkigare och ännu länge form av medvetande.

M2: Hur långt är vårt straff egentligen?

K: Eftersom begreppet tid inte finns utanför ert universum så har ni redan avtjänat ert straff. Vi har redan befriat er.

M1: Men varför är vi då fortfarande kvar på jorden?

K: Det beror på att det finns en fördröjning i rumstiden. Allting händer som bekant inte på en gång i ert universum.

M2: Så hur lång är den där fördröjningen?

K: Med er tidmätning ungefär 5 miljarder år till.

M2: 5 miljarder år!

De två männen sjunker ihop. Scenen ändras och vi befinner oss i stugan igen. De två männen ligger avsvimmade på golvet. Katten sitter mitt på scenen och tvättar sin päls. Det hörs ljud utanför dörren. Dörren öppnas och ett starkt ljus kommer in genom dörröppningen. Människor i skyddsdräkter kommer in i stugan. De går fram till männen. Undersöker dem. Börjar ge dem syrgas. De piggnar långsamt till.

M1: Är ni utomjordingar?

L: Nej, vi är läkare. Ni har blivit smittade.

M1: Smittade av vad då?

L: Av sjukdomen.

M1: Vilken sjukdom.

L: Har ni inte hört på nyheterna?

M1: Den som sprider sig i samhället?

L: Har ni upplevt något märkligt på sista tiden?

M1: Ja, jag drömde så konstigt nyss att jag var ute i rymden. En katt förolämpade mig och kallade mig för en Knerw.

L: Jag förstår. Det är inte ovanliga symptom. Sjukdomen drabbar hjärnan och vår verklighetsuppfattning. Vi har fått rapporter om olika symptom som tidsförluster, tidsresor, parallella universum, andra dimensioner och besök av andra varelser. Det verkar som om sjukdomen upplöser vår uppfattning av verkligheten.

M1: Som en teaterföreställning? Där fantasin blir verklighet? När man kliver in på scenen så är det som att kliva in i en annan värld där allting kan hända. Man kan resa i tiden, djur kan tala och man kan resa till platser som inte finns. Men ändå är man fast i scenens fängelse. För när du går av scenen är du tillbaka i den trista grå vardagen.

L: *Till den andra läkaren.* Han yrar. Han tror att han är på en teater.

Läkare2: Teater? De symptomen har jag inte hört talas om tidigare. Det kanske är allvarligt. Se till att de kommer ut till helikoptern så snart som möjligt.

De bär ut de två männen på bårar till helikoptern utanför.

Radion: Extrasändning från myndigheterna. Smittan har nu nått samhällspridning och vi måste ta till drastiska åtgärder för att förhindra en samhällskollaps. Ingen får längre umgås med någon. Undvik att prata med dig själv och röra inte din egen kropp. Undvik speglar och reflekterande ytor för säkerhets skull. Håll 100 meters avstånd till andra människor. Tvätta händerna hela tiden. Undvik att andas och använd alltid heltäckande skyddsdräkt. Vi rekommenderar också foliehatt för att undvika påverkan på hjärnans verklighetsuppfattning, även om det ännu inte är vetenskapligt bekräftat att det hjälper. Och för guds skull drabbas inte av panik, men om du skulle drabbas av panik, skrik inte, skrika är inte längre tillåtet. Brott mot föreskrifterna kan innebära strafföreläggande. Håll i och håll ut!

Katten går omkring på scenen. Sätter sig ner, tvättar sig och tittar på publiken.

K: Mjauu! *Sitter tyst en stund innan han utbrister.* Nu är det slut era dumma Knerws! Det är dags att gå hem. Fattar ni inte det?

Ridå!

Dårarnas maskerad
-ett dragspel

Scen: *En sekelskiftesvåning, inred i sekelskiftesstil. Vid det höga fönstret står Don Quijote i sin riddarrustning, med en vit hockeyhjälm på huvudet och tittar ner på gatan. På schäslongen ligger Sancho Panza och dricker burköl och äter nötter. Vid den öppna spisens eld på en karmstol sitter Farbrorn som inte minns sina repliker. Mitt på golvet under en stor kristallkrona står en blank svart kista där Dulcinea ligger och vilar.*

Don Quijote: Kom och titta Sancho! Vilken feststämning det är ikväll nere på gatan!

Sancho Panza: Kravaller skulle jag kalla det.

DQ: Va falls!

SP: Det är oppositionen som protesterar över valresultatet. Valfusk skulle jag säga.

DQ: Inte alls. Du har fel. Kom och tittat hur polisen slår taktfast på sina sköldar och ropar uppmuntrande ramsor och bjuder människorna på fyrverkerier och rökeffekter denna fantastiska ljumma sommarkväll.

SP: Tårgas och chockgranater. Det är vad det är.

DQ: Nu tar polisen hand om en stackare som ramlade på gatan i glädjeruset och bär bort honom för vård.

SP: De för bort honom till det ökända fängelset för misshandel och tortyr.

DQ: Och nu Sancho öppnar affärerna sina butiker och delar med sig av sina varor till människorna. Du skulle se vilken generositet som utspelar sig utanför vårt hus.

SP: Plundrare och ligister som tar tillfället i akt att sko sig själva på bekostnad av laglydiga medborgare.

DQ: Människorna ropar, de sjunger, de springer och hoppar. Vilken glädjeyra. De är som tokiga ikväll Sancho. Det är rena feststämningen, det är karneval på gatorna.

SP: Möjligen dårarnas maskerad.

DQ: Ånej, där tar du fel Sancho. Maskeraden är här inne. Därute är det karneval.

SP: När kommer gästerna?

DQ: Jag minns inte. Farbror kanske vet. Farbror när kommer gästerna?

Farbrodern: Va, jag? Ja, det är ju jag. Gästerna, jo gästerna, de kommer, de kommer, nej, nu minns jag inte min replik. Den var här nyss, vad tusan kan jag har lagt den. Kanske i kavajens ficka, nej, det vara bara ett gammalt kvitto från Systembolaget. Spanskt lantvin, billigt, men hyfsat. Nej, tyvärr jag verkar inte komma ihåg min replik ikväll.

SP: Det gör inget farbror. Gästerna kommer när de kommer. Det är ingen brådska. Undra vilka vi har bjudit`?

DQ: Jag vet inte riktigt. Vi får fråga farbror han vet nog. Det var han som skrev inbjudningskorten och skickade ut dem.

F: Jag, ja det är ju jag. Inbjudningskort skrev jag dem, det kan jag inte minnas, men det kanske jag gjorde. Vilka kommer, ja, vilka kommer, tänk så förargligt, jag har glömt den repliken också, kanske har jag en fusklapp i byxan, nej, det var bara ett gammalt kvitto från Systembolaget. Franskt lantvin, billig, men drickbart. Nej, jag kommer verkligen inte ihåg mina repliker ikväll.

SP: Det gör inget farbror. De som kommer kommer. Vad var det för gott vi skulle bjuda på ikväll? Blev det snittar och vin som vanligt?

DQ: Jag vet inte riktigt. Vi får fråga farbror han vet nog. Det var han som skulle köpa vin och göra snittarna.

F: Jag, skulle jag? Det har jag verkligen inte något minne av. Men jag har nog gjort det även om jag inte minns det. Det är nog ännu en replik jag glömt bort, kanske har jag en fusklapp i västen, nej, det var bara ett gammalt kvitto från Systembolaget. Italienskt lantvin, billigt, men inte så dumt. Nej, jag ber verkligen om ursäkt, replikerna sitter inte ikväll.

SP: Det gör inget farbror. Vi får äta och dricka det som bjuds. Donkey du kan väl berätta en av dina skrönor medan vi väntar.

DQ: Va falls! Det är inga skrönor utan i sanning skrivet, men det är så klart den om väderkvarnarna är inte så dum.

SP: Vindkraftverken.

DQ: Va falls?

SP: Det heter vindkraftverk nu för tiden.

DQ: Jaså? Iallafall var det en fin dag. Jag var ute och red med min trogna vapendragare Sancho Panza. Det var alltså du Sancho. Då jag i fjärran fick se fyra hiskeliga, monstruösa, fruktansvärda, vedervärdiga, fasansfulla jättar som svingade med sina enorma, grova armar och roffade åt sig allt som stod i deras väg. Bakom sig lämnade det ett tomt sterilt landskap. Jag förstod genast att det var de fyras gäng. Nätkapitalismens fyra skräckinjagande giganter som tar och skövlar all data som de kommer åt. Jag manade genast på min häst, fällde ner mitt visir och min lans och red i sporrsträck och oförskräckt in Gafalandets skuggrike. Plötsligt hindrades min väg av ett gigantiskt nät, det var nog ett internet, där en stor hemsk mekanisk spindel spärrade min väg. Jag körde lansen rakt mellan hans hundratals spionerande ögon och han dog på fläcken. Som belöning fick jag en burk med kakor som jag genast rensade, innan jag fortsatte min färd. Då dök ett ilsket troll upp framför mig. Han var hiskelig och hemsk att beskåda. Trollet hade tusen munnar och ur varje mun kom avföring, en stinkande sörja som tusen skrivare doppade sina pennor i och skrev den värsta sortens av litteratur man kan tänka sig. Jag speglade då solens strålar i min sköld och sanningens ljus fick trollet att explodera. Explosionen var så kraftig att jag slungades av min häst och tuppade av. När jag vaknade såg jag att jag hade krockat med en väderkvarn.

SP: Ett vindkraftverk.

DQ: Ja, så var det.

Dulcinea knackar på kistans lock.

DQ: Åh, Dulcinea har vaknat. Farbror hjälp henne upp ur kistan.

Farbrodern går vingligt fram till kistan och öppnar locket. Dulcinea sträcker på sig och gäspar.

Dulcinea: Vad är klockan?

DQ: Snart nio.

D: Varför väckte ni mig inte? Nu har jag försovit mig igen. Har det varit mörkt länge?

DQ: Ja, min kära. Solen gick ner för flera timmar sedan.

D: Ni skulle ha väckt mig! Nu hinner jag ju inte byta om innan gästerna kommer. Men det var skönt med sovkväll för en gång skull. *Sätter sig upp kistan.* När kommer gästerna farbror?

F: *(Olyckligt)* Jag har glömt mina repliker.

D: Var inte ledsen farbror. Det skrivs snart nya. Vilka är det som kommer?

F: Jag vet inte. Även det har jag glömt bort.

D: Vad ska vi äta då?

F: Jag är hemskt ledsen även det har försvunnit ut ur minnet.

SP: Vad ska du klä ut dig till Dulcinea?

D: Vampyr!

DQ: Vampyr? Men snälla söta Dulcinea du är ju redan en vampyr.

D: Ja, men inte sån här vampyr.

DQ: Vad då för vampyr?

D: En turkisk-indisk-norsk hemsk vampyr. Det är jag väl inte?

DQ: Nej, det är du inte, du är ju en söt spansk vampyr i vanliga fall.

D: Precis, därför ska jag vara utklädd till en annan sorts vampyr ikväll. Men varför har du inte klätt ut dig själv? Du har ju samma gamla rustning som vanligt.

DQ: Nu gör du mig ledsen Dulcinea. Ser du inte hur jag har ansträngt mig? Jag har ju en ny hjälm på mig.

D: Ja visst, det stämmer. Men vem ska du föreställa?

DQ: Börje Salming.

D: Och Sancho Panza är han utklädd till en hög med nötter och öl?

SP: Dulcinea ingenting undgår dig. Du har helt rätt. Tänk att du såg det på en gång.

DQ: Ja, det är ju vad du brukar klä ut dig till. Och farbror då? Vad har du klätt ut dig till?

F: Klätt ut mig. Oj, oj, oj, det har jag helt glömt bort. Jag minns verkligen inte någonting idag. Först glömmer jag mina repliker och nu maskeradkläderna.

D: Ingen fara farbror, du kan vara utklädd till en senil gammal gubbe. Det passar dig.

F: Gör det? Vad bra.

D: Jaha, vad ska vi hitta på innan alla gästerna kommer? Donke du kan väl berätta någon av dina roliga historier.

DQ: Det är inga roliga historier utan sanna berättelser. Men jag kan berätta den om när jag slogs med väderkvarnarna.

SP: Det heter vindkraftverk och förresten så berättade du den alldeles nyss.

DQ: Jaså gjorde jag?

Det bultar på dörren. -Öppna det är hemliga polisen!

DQ: Vem är det?

SP: Hemliga polisen? Göm er snabbt! *Dulcinea kryper ner i kistan. Sancho Panza drar en filt över huvudet och Don Quijote gömmer sig bakom gardinen.*

Det bultar på dörren igen. -Öppna dörren annars slår vi in den!

Farbrodern reser sig från stolen och går och öppnar dörren. In genom dörren rusar Romeo och Julia. Romeo är klädd i svart Gestapo skinnrock och Julia som en kravallpolis.

Romeo: Men hallå! Vad är alla! Vad håller ni hus?

Ur kistan hörs Dulcineas röst.

D: Är det du Romeo?

RO: Ja, det är jag Dulcinea. *Går fram och öppnar kistan.* Ligger du och sover fortfarande?

Don Quijote tittar fram bakom gardinen.

DQ: Är det du Romeo?

RO: Donke! Varför gömmer du dig bakom gardinen. Leker ni kurragömma?

DQ: Nej, jag trodde det var hemliga polisen.

RO: Det var ju bara Julia och jag som skojade lite med er.

DQ: Jag gillar inte den hemliga polisen. De är så hemliga...de är inte som de trevliga poliserna nere på gatan som skojar och stojar.

Julia: Skojar och stojar? Pyttsan. Det var rena kravallerna där nere på gatan. Hade jag inte haft min batong så skulle vi knappast kunna ta oss fram genom folkmassorna där nere. Det är rena galenskapen.

SP: *Slänger av sig filten.* Precis som jag sa. Galenskap, huliganer och polisvåld.

DQ: Från mitt perspektiv verkar de ha det riktigt trevligt där nere på gatan. Men kul att ni kom. Vi var lite osäkra på att inbjudningskorten hade kommit fram. Farbror var inte säker på att han hade postat dem.

JU: Inbjudningskort?

D: Ja till vår maskerad.

JU: Maskerad?

DQ: Ja, ni har väl klätt ut er för att vara med på vår fest?

JU: Fest? Nej, vi tänkte bara kila över och skrämma vettet ur er. Vi har inte fått någon inbjudan till någon maskerad, eller har vi?

RO: Nej, det har jag inte sett till.

D: Vad märkligt och ändå är ni här utklädda. Men ni kan väl stanna? Det kommer snart fler gäster och så blir det mat.

JU: Ja, varför inte. När börjar festen då?

D: Det vet vi inte.

JU: Men vilka kommer då?

D: Det vet jag inte heller.

JU: Ok, men vad blir det för mat.

D: Tyvärr, det vet jag inte heller.

JU: Vad säger du Romeo? Ska vi stanna på den här "jag vet inte"-festen eller gå hem?

RO: Jag vet inte! *Romeo och Julia skrattar högt.* Såklart vi stannar. Det är för farligt att gå hem nu. Vi väntar till det har lugnat ner sig.

Det bultar på dörren. -Öppna det är hemliga polisen!

DQ: Vem är det?

SP: Hemliga polisen? Göm er snabbt! *Dulcinea kryper ner i kistan. Sancho Panza drar en filt över huvudet och Don Quijote gömmer sig bakom gardinen. Romeo och Julia ställer sig bakom en annan gardin.*

Det bultar på dörren igen. -Öppna dörren annars slår vi in den!

Farbrodern reser sig från stolen och går och öppnar dörren. In genom dörren rusar den hemliga polisen klädd i svart Gestapo skinnrock och en kravallpolis.

Hemliga Polisen: Kom fram i lagens namn! Vi vet att ni döljer en fiende till landet.

Romeo och Julia stiger fram bakom gardinen.

RO: Vad gäller det?

HP: Vem är ni?

RO: Hemliga polisen.

HP: Men jag är ju hemliga polisen.

RO: Men jag var här först.

HP: Vi söker en fiende till landet. Är han här!

DQ: *Ramlar fram bakom gardinen och lägger sig på knä på golvet och ber.* Snälla gör mig inte illa!

HP: Don Quijote av del Mancha! Min herre var inte orolig vi vill er inget illa. Tvärtom är jag en stor beundrare. Vårt land står i stor skuld till er för era hjältedåd. Vi minns alla hur du besegrade de hemska väderkvarnarna.

SP: *(under filten)* Vindkraftverk!

HP: Vem var det?

SP: *Tar av sig filten.* Det heter vindkraftverk och inte väderkvarnar hur många gånger måste jag upprepa det?

HP: Sancho Panza! Vilken ära, herr Don Quijotes trogna och modiga vapendragare. Ursäkta att vi stör så här på kvällen, men vi letar efter en fiende till staten.

DQ: Det har vi inte sett. Men det verkar vara karneval nere på gatan.

HP: Ja du, våra gossar har fullt upp där nere. De där demonstranterna får verkligen sina fiskar varma. Batongerna pumpar frenetisk upp och ner över pöbelns kroppar. Jag är ganska säkert att en hel del av mina mannar kommer att ha träningsvärk i sina armar imorgon. Men vänta det är något som inte stämmer här.

DQ: Gör det inte?

HP: Nej, herr Don Quijote. Ingenting undgår den hemliga polisens vältränade öga. Ni har en annan hjälm på er än ni brukar. Det är en hockeyhjälm. Om jag inte misstar mig är ni utklädd till Börje Salming. Har ni möjligen maskerad här?

DQ: Ni är verkligen duktig. Ja, det stämmer.

HP: Träning och återigen träning min bäste Don Quijote. Ett tränat öga missar ingenting. Och om det är maskerad, så är det där ingen riktig hemlig polis, utan nu när jag ser närmare på saken, så måste det vara Romeo och bredvid är förstås Julia.

DQ: Ni är makalös! Va duktig ni är.

HP: Tack så mycket.

F: *Reser sig upp. Stapplar bort mot den hemliga polisen.* Jag erkänner. Det var jag. Jag är den ni söker.

HP: Vem är det där?

DQ: Bara en virrig gammal gubbe som inte minns sina repliker?

F: Men jag minns. Jag minns mina repliker: Vi ska vara fria, precis som våra fäder var.

HP: En senil gubbe säger du?

DQ: Just precis.

F: En modig man tänker inte på sig själv. Hjälp de förtryckta och lita på Gud.

HP: Ni har inte funderat på att sätta honom på ett hem?

DQ: Vi gillar den gamle gubben.

F: Det gamla rasar samman, tiderna förändras och nytt liv ska blomma i ruinerna.

HP: Ja, vi hade tydligen fått ett felaktigt tips. Jag beklagar att vi störde och hoppas ni får en fortsatt trevlig maskerad. *Den hemliga polisen och kravallpolisen går ut genom dörren.*

F: Denna bedrift av Tell, bågskytten, kommer att förkunnas över bergen. Vid Gud. Han klöv äpplet i dess mitt.

DQ: Vad pratar farbror för Goya!

F: Nu minns jag mina repliker och vad skulle klä ut mig till. Wilhelm Tell frihetskämpen. Jag har ju till och med införskaffat en pilbåge och köpt ett äpple. Vänta jag ska bara byta om. *Springer ut i köket och kommer snart tillbaka med en pilbåge med sugproppspilar och en apelsin i handen.*

DQ: Vad är det där? *Pekar på apelsinen.*

F: Ett äpple?

DQ: Nej, det är en apelsin.

F: Men han i affären sa att det va ett äpple. *Börjar lipa. Dolcinea har klivit upp ur kistan. Gå fram till farbrodern.*

D: Var inte ledsen farbror. Det gör inget. Det är kanske en blodapelsin. *Tar apelsinen ur hans hand och tar en stor tugga av den och spottar ut den.* Nej, det var en vanlig apelsin. *Ger tillbaka den till farbrodern.*

RO: Så kommer det några fler? Eller börjar festen snart?

DQ: Jag vet inte riktigt. Men farbror kanske kommer ihåg nu vilka som var bjudna och när festen skulle börja. Jag menar nu när du kommer ihåg dina repliker?

F: Ja, ja, men, nej, det vet jag inte. Det står ingenting i Wilhelm Tell om något maskerad eller fest.

DQ: Det är ju typiskt att du har hamnat i helt fel föreställning. Vad har vi för nytta av dig då?

F: Ja, men jag minns ju inte. *Börja lipa.*

D: Lipa inte farbror. Det kommer fler föreställningar. Då kommer du ihåg rätt repliker. Vi ska ju spela imorgon, och i övermorgon.

JU: Inte i övermorgon, då är det en fri dag.

D: Ja det stämmer, men dagen därefter och flera veckor framåt, ja, om de inte lägger ner föreställningen innan dess.

RO: Ja, sånt händer ju. Men vi kan väl börja lite smått med festen. Jag tyckte någon sa något om vin och snittar? Ska vi plocka fram det eller?

DQ: Ja, en utmärkt idé. Farbror kan väl plocka fram det åt oss.

F: Men jag minns ju inte om jag köpt något.

DQ: Har vi inget vin och snittar?

F: Nej, jag tror jag har glömt det också. *Börja gråta.*

D: Sluta gråta farbror. Gråt inte över spillt vin. Det finns kanske något annat vi kan bjuda på.

RO: Panza du har ju massor med öl och nötter. Det kan du väl dela med dig till oss andra?

SP: Men det är ju min maskeradkostym. Den kan jag ju inte förstöra. Nej, det går inte för sig. Jag har arbetat hårt för att få till den och tänker inte förstöra den bara för att du är törstig och hungrig.

RO: Så vad ska vi göra då? Leka kurragömma?

D: Det är tråkigt. Kan vi inte bjuda upp några demonstranter från gatan. Jag är hungrig.

DQ: Nej, min kära Dulcinea. Vi ska inte börja äta på befolkningen. Du kommer ihåg hur det gick förra gången. Vi fick fly hals över huvudet. Nu har vi äntligen integrerat oss i det här samhället. Vi ska inte förstöra det.

D: Men jag är hungrig.

DQ: Farbror kan väl titta i skafferiet om det finns något ätbart?

Farbrorn går ut i köket. Kommer efter en stund tillbaka släpande på ett lik.

DQ: Vem är det där?

F: Jag tror att det var den där folkfienden som hemliga polisen letade efter.

DQ: Hur har han hamnat i vårt kök?

F: Jag vet inte, men de spelar Ibsen på scenen bredvid. Han kanske har kommit hit av misstag?

D: Är han död?

F: Ja, stendöd.

D: Är han kall?

F: Ljummen.

D: Det duger väl. Kan jag inte få äta upp honom. Ingen kommer ändå att sakna honom. Och jag är utsvulten.

DQ: Ja, ja, men slafsa inte ner på mattan. Farbror har städat och gästerna kommer snart.

Farbrodern och Romeo lyfter ner liket i kistan. Dulcinea böjer sig ner över liket och börjar suga blod från halsen.

Det bultar på dörren. -Öppna det är hemliga polisen! Farbrorn går och öppnar dörren. Den hemliga polisen stiger in.

HP: Ursäkta att jag stör igen. Vi har fått nya trovärdiga uppgifter och starka indicier om att den misstänkta befinner sig i er lägenhet. Så jag frågar er igen. Finns det en fiende till staten i denna lägenhet?

DQ: Du menar inte en folkfiende?

HP: Nej, en fiende till staten.

DQ: Så det är ingen folkfiende ni söker?

HP: Nej, har jag ju sagt. Vi söker en statsfiende.

DQ: Nej, en statsfiende har vi inte sett.

HP: Vänta, vem är det där i kistan? Är han död?

DQ: Det är en av våra gäster. Han är utklädd till ett lik.

HP: Väldigt bra gjort måste jag säga. Ser riktigt äkta ut med blodet och allt.

DQ: Ja, han har verkligen gått in i sin roll.

HP: Och fröken Dulcinea är utklädd till en söt vampyr som dödat honom?

D: Nej jag är en turkisk-indisk-norsk hemsk vampyr.

HP: Fröken får ursäkta, men om ni ska vara en övertygad turkisk-indisk-norsk hemsk vampyr så borde ni ha ett rött sidenband runt halsen.

Dulcinea känner runt halsen.

D: Jag har glömt att ta på bandet! Jag har ju inte bytt om ännu! Vänta jag har det här någonstans. *Letar i kistan och hittar det röda bandet som hon knyter runt halsen.*

HP: Vilken skillnad. Hade ni inte nyss stått framför mig så hade jag aldrig trott att det var ni utan en turkisk-indisk-norsk hemsk vampyr. Bravo fröken Dulcinea. Vilken förvandling. Men nu åter till mitt brådskande ärende. En statsfiende är på flykt. Jag kan konstatera att han inte finns här. Än en gång har jag blivit vilseledd. Ni får ursäkta mig. Jag måste fortsätta min jakt. Han kanske finns i närheten. Han får inte komma undan en gång till. *Hemliga polisen avlägsnar sig och smäller igen dörren bakom sig.*

Liket vaknar av smällen och sätter sig upp i kistan. Tar sig för huvudet och börjar prata med hög teatral röst:

Liket: "Sanningen och folket kommer att gå segrande ur den här striden, det kan du ge dig fan på. Jag kan se en hel triumfmarsch av frisinnade medborgare!"

D: Kan du vara lite tystare. Hemliga polisen var nyss här och sökte efter dig.

L: "Tjafs, tror du att de mullrande massorna låter sig skrämmas av en uniformsmössa? Vi gör nämligen revolution här i staden i morgon, ser du."

D: Men för guds skull. Var tyst! Du vill väl inte bli arresterad av hemliga polisen.

L: Hemliga polisen? Vad pratar du om? Vem är du? Du är inte min fru? Var är fru Borkman? Vad är jag någonstans?

D: Du är hemma hos herr Don Quijote som håller en maskerad ikväll. Vi hittade dig i köket och trodde du var död.

L: Jag måste ha svimmat. Den jävla rampfebern blir bara värre och värre för varje år. Jag måste tillbaka till scenen innan föreställningen slutar. *Rusar ut i köket.*

D: Ta det försiktigt. Den hemliga polisen söker efter dig.

DQ: Jaha, vad ska vi göra nu då. Vi har varken gäster eller vin på vår maskerad.

SP: Vin, vänta här nu. Farbror vad sa du för ett tag sedan?

F: Jag vet inte jag har glömt bort mina repliker.

SP: Precis. Och vad gjorde du då? Du letade efter något i fickorna.

F: Gjorde jag? Vad skulle jag ha i fickorna?

SP: Titta efter igen.

F: *Letar i fickorna.* Här är ett kvitto från Systembolaget på spanskt lantvin och här ett till på franskt lantvin och ett på italienskt lantvin.

SP: Och vad står det för datum på kvitto?

F: Det var igår.

SP: Aha, då har du köpt vin, men var har du ställt flaskorna?

F: Jo, det vet jag...inte...det har jag tyvärr glömt.

Sancho Panza reser sig upp från schäslongen

SP: Nu får alla hjälpas åt och leta. Flaskorna måste finnas här någonstans i lägenheten.

Alla börjar leta i lägenheten. Efter ett tag dyker de upp med flaskorna som de hittat.

JU: Jag hittade en flaska bakom toaletten.

RO: Jag hittade en under en golvplanka i sovrummet.

D: Och här bakom några böcker i bokhyllan fanns en flaska.

SP: Perfekt. Nu är vinet återfunnet.

Det knackar på dörren.

SP: Vem kan det va?

DQ: Vem är det?

Freud utanför dörren: Har ni fest eller?

SP: En gäst!

D: Det är en gäst!

DQ: Farbror öppna dörren!

Farbrorn öppnar dörren och Freud stiger in.

FR: Goddag i stugan.

DQ: Vem är du?

FR: Jag är Sigmund Freud den berömda österrikiska psykologen.

DQ: En psykolog. Hmm, hur tror du det är ställt med mannen där på salongen som har klätt ut sig till en påse jordnötter.

FR: Ett komplicerat fall. Jag skulle nog efter moget övervägande sätta diagnosen med hjälp av en av alla de förkortningar som blivit så populära de senaste åren: I D I O T.

SP: Är det något allvarligt?

FR: Nej, det är en allmänmänsklig egenskap. Svårt att undvika för de flesta.

DQ: Nej, nu tycker jag inte doktorn är rättvis. Don Pancho har ju doktorerat inom psykoterapi. Han är skrivit en avhandling som ni kanske har läst? "Den inbillade sjuke en kognitiv behandlingsmetod för fiktiva karaktär och deras hypokondri".

FR: Nej, det har jag inte. Jag är ju inte psykolog på riktigt, jag är bara utklädd till Sigmund Freud. Det var väl maskerad?

DQ: Javisst, men vem är du? Jag känner inte igen dig?

FR: Det är ju jag Cervantes, er skapare! *Tar av sig masken.*

Alla utbrister häpet. Cervantes!

D: Du kunde komma var roligt.

Cervantes: Ja, naturligtvis en maskerad vill jag inte missa. Det var ju så många år sedan vi träffades.

DQ: Ja, hur många hundra år är det nu?

CE: Det är väl drygt 400 år nästa måndag?

DQ: Jag har så länge velat träffa dig och tacka dig för att du först skapade oss och sedan gjorde oss till vampyrer så vi kunde leva för evigt.

CE: Åh, det är inget att tacka för. Bra karaktärer vill man ju inte ta livet av. Men hur var det? Fanns det något vin?

DQ: Ja, naturligtvis vin till alla våra gäster. Det här måste vi fira. Det är så mycket jag vill fråga dig om. Som den här nya appen där man kan träffa andra människor. Tinder heter den visst. Känner du till den?

CE: Ja faktiskt jag träffade min fru via Tinder. Hon var en riktig häxa.

DQ: Var det så illa?

CE: Nej, jag menar att hon var en RIKTIG häxa. Men det fungerade inte i längden. Jag är ju en nattmänniska och hon var bara ute och flög hela tiden, så vi gick skilda vägar efter några timmar.

DQ: Timmar? Det var ett kort äktenskap.

CE: Tycker du? Det räckte gott och väl för mig ska jag säga dig. Sedan dess har jag bara varit litteraturen trogen.

DQ: Hur går det med författande. Vad har du skrivit sen vi sågs sist?

CE: Oj, det är ju en hel del, först skrev jag ju Don Quijote 2, sedan efter det Don Quijote 3 och sedan kom så klart Don Quijote 4 som följdes av Don Quijote 5 och sen skrev hag Hamlet, nej, vänta så dum jag är det var ju Shakespeare som skrev den, jag skrev ju Don Quijote 6 minns jag nu.

DQ: Hur många Don Quijote har du skrivit?

CE: Jag håller på med Don Quijote 387. Jag försöker skriva en ny bok om året, men ibland tar det lite längre tid beroende på vad som händer i livet och hur inspirationen rinner till.

DQ: Vad spännande. Och alla är vampyrer förstås, som vi?

CE: Nej, herregud, nej! De flesta är hundar, några är katter och en och annan häst har smugit sig in under åren. I den senaste boken har jag faktiskt varit lite djärv och nyskapande där är Don Quijote en hamster. Visst låter det spännande!

DQ: Ja, verkligen.

Det knackar på dörren. Öppna det är Hemliga polisen.

Farbrodern öppnar dörren. Hemliga polisen stiger in.

HP: Ursäkta att jag stör igen. Jag ville bara meddela att vi har gripit mannen vi sökte. Han gömde sig inne på teatern här bredvid och försökte maskera sig till en skådespelare. Men inget undgår mitt tränade öga. Mannen är nu omhändertagen och kommer ställas inför rätta för brott mot rikets säkerhet. Men vänta är ni inte herr Cervantes?

CE: Jo det stämmer.

HP: Det är helt otroligt. Jag läste nyligen Don Quijote 386, den om katten. Det var verkligen läsvärd. Jag gillade speciellt scenen när katten tror att garnnystanet är en hemsk gammal kvinna och attackerar det. Säg mig, symboliserar inte möjligtvis garnnystanet en ihoprullad neuros skapad av ert korta äktenskap med den där häxan och kattens kamp är er egen inre kamp för att nysta upp och lösa denna neuros?

CE: Ni är mycket skarpögd. Det var precis den tolkningen som jag tänkte mig. Hur kommer det sig att ni har god kännedom om psykologi? Ni är kanske utbildad inom psykologi?
HP: Ja faktiskt. Jag har en examen i förhörspsykologi. Som hemlig polis är det viktigt att kunna sätta sig i den misstänktes psyke och kunna föreställa hur han tänker för att hitta svagheter som man kan utnyttja under förhöret.
CE: Då kommer ni nog att uppskatta min kommande bok där jag låter en hamster strida mot ett motionshjul.
HP: Mycket intressant, mycket intressant. Jag ser fram emot att läsa den när den kommer ut. Nu ska jag inte störa längre utan måste återgå till mitt och förhöra den misstänkte. Det har varit en lång natt. Så adjö och tack för allt! *Den hemliga polisen går ut genom dörren.*
DQ: Ja, det har varit en lång natt. Solen går snart upp. Det är dags för oss alla att gå och lägga oss. Det är så tyst på gatorna utanför. Alla demonstranterna och poliserna har gått hem. En paus mellan natten och dagens scenbyte. Imorgon kväll börjar väl skådespelet om igen framför våra ögon.
D: Ska vi ha maskerad imorgon kväll också?
DQ: Ja Dulcinea, imorgon blir det också maskerad. Det är alltid maskerad här i världen.
D: Jag gillar maskerader. Då får man vara någon annan för en stund.
CE: Som en hamster som slåss mot ett motionshjul.
DQ: Eller en riddare som slåss mot väder...jag menar vindkraftverk.
D: En turkisk-indisk-norsk hemsk vampyr
SP: Eller en påse nötter.
RO: En hemlig polis.
JU: Eller bara en vanlig polis.
DQ: Ja, man kan vara vem man vill för en liten stund när det är maskerad.

F: Som ett dragspel.
Alla: Ett dragspel!
Farbrodern tar fram ett dragspel och börjar spela Månsken över Ångermanälven.

Ridå.

En julnattsaga

Scen: *En timmerkoja långt ute i Finnmarken. Det är julafton och snöstorm utanför kojan. Vid skenet från brasan sitter tre gamla gummor. Gumma 1 bläddrar i en tidning, Gumma 2 stickar en halsduk och den tredje gumman har glasögon och röker en pipa.*

G1: Jag ser inte vad det står i tidningen. Ge hit glasögonen! Du har haft dem tillräckligt länge.
G3: Aldrig! Det är min tur idag. Du får ha dem imorgon.
G1: Men då ska ju du har tidningen! Vad har jag för nytta av glasögonen då?
G3: Du kan väl glo på annat!
G2: Men var det inte min tur att ha både tidningen och glasögonen imorgon. Jag är säkert på att vi bestämde det eftersom det är min födelsedag.
G3: Ha du inte fyllt år tillräckligt!
G1: Ska du ha både glasögonen och tidningen! Det har jag aldrig hört talas om. Det har aldrig hänt tidigare att någon av hos haft både glasögon och tidning samtidigt! Eller hur?
G3: Nej, det kan jag inte minnas. Förresten hur ska du kunna sticka samtidigt som du läser tidningen. Har du tänkt på det?
G2: Jag kan väl ta en paus.
G3: En paus! Det har aldrig hänt att du tagit en paus.
G1: Nej, det har inte hänt så länge jag kan minnas.
Det knackar på dörren.
G2: Det knackade!
G1: Vem kan det vara?
G3: Det vet du väl. Det står väl i tidningen.
G1: Ja men jag kan ju inte läsa utan glasögonen: Hur skulle det gå till säg?
G3: Jag kan väl inte rå för att du är en sån blindbock.
Det knackar på dörren igen.
G1: Ska vi släppa in honom?

G2: Har vi något val?

G3: Nej, det har vi nog inte. Kom in då!

Dörren öppnas och en kraftig medelåldersman med vitt helskägg, gråa vadmalskläder och en stor säck kliver in i kojan.

Mannen: *Borstar av sig snön.* Goddag i stugan. Finns det några snälla barn här?

G1: Vilken skämtare.

G2: Men som gammal blir man ung på nytt.

G3: Alla är vi evighetens barn.

Mannen: Ursäkta att jag stör. Men jag verkar har kommit på avvägar. Jag var på väg att gå till Vilse.

G2: Om du är på avvägar är du väl redan framme?

M: Hur menar du?

G2: Du skulle väl till vilse?

M: Ja just det till Vilse.

G2: Då har du kommit rätt

M: Är det här Vilse?

G1: För dig men inte för oss. Det är ju hemma för oss.

M: Nu förstår jag inte riktigt. Oraklet sa att jag skulle besöka skogsrået i Vilse för att få svar på min fråga.

G3: Skogsrået i Vilse? Du menar inte Vilsele?

M: Ja, kanske det.

G2: Då är du vilse om du ska till Vilsele.

G1: Det här är inte Vilsele, utan här är du vilse.

M: Går det bra att jag stannar en stund och värmer mig innan jag fortsätter min färd? Det är så fasligt kallt denna julaftonsnatt.

G2: Är det julafton?

G1: Igen? Var det inte igår?

G3: Såklart det är idag. Det stod ju i tidningen i går?

G1: Men du hade ju tidningen igår?

G3: Ja. Det är ju vad jag säger.

G1: Men hur kunde du läsa i tidningen. Då jag hade glasögonen?

G3: När du sover använder du väl dem inte?

G1: Du tog dem! Det var det fräckaste. Det har aldrig hänt tidigare.

G2: Jodå, varje gång du somnar så händer det.

G3: Hur tror du annars vi ska få veta vad som ska hända om ingen läser tidningen?

G1: Jag kan läsa också bara jag får ha glasögonen.

G3: Du får dem imorgon.

G1: Men då har du ju tidningen. Vad ska jag läsa då i!

M: Ursäkta, men jag tycket ni sa något om en tidning. Det var så fasligt länge sedan jag fick höra några nyheter hemifrån. Säg har det hänt något intressant den senaste tiden.

G2: Det som har hänt har väl redan hänt? Vad är det för intressant med det?

G1: I tidningen står bara vad som ska hända. Du ser väl att den heter Framtiden.

M: Vilken märklig tidning som har nyheter om framtiden. Om saker som inte har hänt?

G1: Ja, men de kommer att hända och då har de ju hänt.

M: Men hur vet man att de verkligen kommer att hända?

G1: Skulle det inte hända, skulle det såklart inte stå i tidningen? Är han dum eller?

G2: Ha lite överseende med människobarnet. De är av naturen okunniga.

M: Vad kommer att hända imorgon? Kommer jag hitta fram till Vilsele och kommer Skogsrået att kunna svara på min fråga?

G3: Om du hittar dit beror väl på om du går rätt väg och inte går vilse igen och Skogsråets svar beror ju på vilken fråga du ställer. Han är nog dum i alla fall.

G2: Ja, ja men vi får ha överseende med människobarnets ofullkomlighet.

M: Jag tänkte fråga Skogsrået en fråga jag länge funderat på. Varför ramlar alltid smörgåsen med smöret ner i backen?

G1: Nej, det skulle han väl inte fråga?

G3: Så stod det inte i tidningen.

G2: Det är helt fel. Du ska fråga. "Vilken varelse går på alla fyra på morgon, på två ben mitt på dagen, och på tre ben på kvällen?"

G1: Nej, det är ju skogsrået som ställer den frågan. Eller var det inte en sfinx, jovisst var det en sfinx.

G2: Ja, han ska ju inte fråga något.

G3: Det här stämmer inte med vad som stod i tidningen. Vad sa egentligen oraklet till dig när du träffade henne?

M: Hon sa gå till vilse och kom inte tillbaka förrän du hittat hem. Och när du är vilse ska du fråga Skogsrået den fråga som tynger dig sedan din barndom.

G1: Du vill fråga vem som är din riktiga far?

G2: Du vill fråga vem som har dödat kungen?

G3: Du vill fråga vem din hustru egentligen är?

M: Nej, jag undrar verkligen varför mackan alltid hamnar med smöret nedåt hela tiden. Det är så irriterande. Nu blev jag hungrig efter allt prat om mackor. Ni har inget att bjuda på. Vad är det som kokar i grytan på spisen.

G1: Det är evigheten som puttrar.

G2: Det är tiden som kokar.

G3: Det är livet som ångar bort.

M: Låter gott. Får man smaka?

G1: Ingen dödlig får smaka evighetens ursoppa.

G2: Ingen dödlig får röra tidens ingredienser.

G3: Ingen dödlig får känna livets rätt.

Det knackar på dörren.
G1: Vem kan det vara?
G2: Det är hon.
G3: Ja, så klart det är hon. Släpp in henne så vi kan be henne gå.
G1: Kom in!
Flickan: God dag i stugan. Jag undrar om tant vill köpa några svavelstickor så jag har råd att köpa lite mat till min familj på nyårsaftonen.
G1: Nej, vi ska inte ha nåt.
G2: Ge dig iväg.
G3: Här finns inget att hämta.
Flickan vänder i dörren och gör sig beredd att gå iväg.
M: Nej, vänta! Inte kan ni skicka ut den stackars flickan i kylan på julaftonen. Ni ser väl att hon fryser och att stackarn inte har några skor. Nej, hon får stanna här inne i värmen tills hon värmt sig.
G1: Stanna! Det går inte!
G2: Det har aldrig hänt tidigare att någon fått stanna.
G3: Det är inte så berättelsen är.
F: Tack goa herrn att jag får stanna en stund denna kalla nyårsaftonskväll.
M: Hör ni inte själva hur förvirrad det lilla barnet är? Hon tror att det är nyårsafton fast det är julafton.
G1: Tiden rinner visst iväg där utanför.
G2: Ja den hastar vidare på sin färd
G3: Medan vi sitter stilla här vid vår härd
G1: Det är en märklig natt.
G2: Ja ovanlig
G3: Det har aldrig hänt förut att vi haft fel.
G1: Säg oss Oidipus, kung av Thebe

M: Oidipus? Nej jag heter inte Oidipus utan Oscarsson. Och jag är ingen kung heller, utan möjligen skokung då, eftersom jag säljer skor förstår ni.

G2: Oscarsson, vem är det?

G3: Det vet jag inte? Det stod inte något om det i tidningen

G1: Se efter bland livets trådar. Där borde svaret finnas.

G2: Det är för dunkelt här inne. Då behöver jag glasögonen.

G3: Men dem har ju jag idag!

G2: Då kan jag inte titta efter.

G3: Ja, ja, en liten stund bara. Men sen ska jag ha tillbaka dem på en gång.

G2: Då ska vi se sa den blinde. Här är trådarna, de korsar varandra. Jaha, det förklarar allt. Det har blivit en knut på livets trådar. Inte undra på att historierna har blandats ihop.

G1: Hur är det möjligt? En knut i historien.

G2: Det är väl den där katta igen.

G3: Åh skyll inte på Kaos. Han som är så go och rar.

G2: Men han ska låta bli att leka med mitt garn. Han förstör min stickning. Se bara här, här har det blivit fel i stickningen där det ska vara rät. Vänta så ska vi se om jag inte kan lösa ut knuten. Så där nu är knuten löst. Men vad ska jag göra med stickningen. Ska jag riva upp hela historien från början så fel blir rät? Eller jag bara fortsätta som inget hänt?

G1: Äh, de är så lite. Det syns knappt. En maska hit eller dit.

G3: Det är ju inte som den där gången du höll mönstret upp och ned. Det där trettioåriga kriget var inte rätt.

G2: Det var ju bara för att jag inte fick låna glasögonen. Det gick ju inte att se att mönstret var upp och ned när man inte har några glasögon.

G3: Du kunde ha frågat om du fick låna dem en stund?

G2: Skulle jag ha fått det menar du?

G3: Nej, den dagen hade jag ju dem. Men det skadar aldrig att fråga.

M: Trettioåriga kriget? Vad pratar ni om?

G1: Om tiden.

G2: Det som har varit...

G3: och det som komma skall.

M: Är ni verkligen mänskliga eller är det julens tre andar som jag stött på.

G1: Andar är vi inte.

G2. Varken gångna, nuvarande eller kommande

G3: Vi är bara tre små gummor som en gång skulle gå till marknaden till Nora, men vi gick vilse i skogen och hittade den här kojan. Sedan dess har vi bott här. Vi trivs bra här inne i värmen.

G1: Var pratar du för strunt? Vi äro väl musikanter från Skaraborg. Jag kunde spela fioliolej och ni andra basfiol och flöjt.

G2: Ni har fel bägge två. Jag är säker på att vi heter Tant Grön, tant Brun och tant Gredelin och har en hund som heter Prick.

G1: Musikanter!

G2: Tre små gummor!

G3: Tre färgglada tanter!

G1: Nej, det här kan inte stämma. Det här har det inte stått något i tidningen om.

G3: Nej, det känner jag inte igen heller.

G2: Låt mig titta på stickningen igen och se vad den säger. Åh, så förargligt. Jag har ju stickat helt avigt här borta ser jag.

G3: Nå, vilka är vi då?

G1: Ja säg vem är vi?

G2: Det är lite otydligt. Det finns så många trådar i den här historien. I vissa kallas vi nornor i andra graier eller Waywards systrar, men jag ser också många andra namn i mönstret.

G1: Tre gummor är vi alla fall.

G2: Ja alla goda ting är tre.

G3: Och gamla är vi utan tveka.

G1: Gamla som tiden själv.

G2: Och vi trivs här i kojan vid värmen.

G3: Ja det är hemtrevligt.

G1: Fast man skulle ha haft ett par glasögon till.

G2: Ett par var så man såg någonting.

G3: Och tre par tidningar så man slapp vänta på sin tur.

G2: Och en stickmaskin.

G1: En stickmaskin? Varför det?

G2: Så man kunde ha händerna fria och läsa tidningen.

G3: Man kan inte automatisera historien. Hur skulle det se ut? Någon måste ju hålla koll på livstråden så det inte blir fel. Hur skulle det se ut om en maskin styrde historien?

G2: Ja, ja, kanske det, men ett par glasögon hade inte varit fel, så det inte blev så mycket fel i mönstret. Det ställer till så många problem.

Man hör en fågel som kvittrar i stugan.

G1: En fågel!

G2: Jag ser den inte. Men jag hör hur den twittrar.

G3: Du menar väl kvittrar?

G2: Ja, det var ju det jag sa. Twittrar.

G3: Det heter kvittrar.

G2: Det kvittar väl. Hör! Nu twittrar den igen.

Författaren stiger upp ur sängen från stugans mörka vrå där han legat och sovit och svarar i sin mobil som ringer med ett fågelkvitter. Författaren går omkring i cirklar i bakgrunden och mumlar medan han pratar i telefonen.

G1: Vem är det där?

G2: Jag vet inte. Jag tror att det är någon släkting till författaren som fått en biroll i föreställningen.

G3: Jag hörde att han inte var riktigt frisk i skallen. Det är väl därför han går omkring och pratar för sig själv.

G1: Ja vilken stackare.

M: Aha, det där var min stickreplik. Nu måste jag resa mig och göra min sorti. *Till gummorna.* Nu måste jag gå vidare. Jag vill gärna hinna till Skogsrået i Vilsele innan det blir för sent och jag är rädd att jag kanske går vilse igen. Jag tackar för att jag fick stanna här och värma mig under snöstormen. Jag hoppas verkligen den har bedarrat nu. *Till flickan.* Jag tror jag har ett par skor i säcken som kan passa dig. *Tar fram ett par skor ur säcken.* För inte ska du gå och frysa på självaste julafton. *Flickan tar på sig skorna och niger. Mannen öppnar dörren. Utanför är det solsken och träden knoppas. Fåglarna sjunger och bäckarna porlar.* Men det är ju vår ute! Hur är det möjligt?! Nyss var det vinter och snöstorm och nu är det vår. Jag har ju bara varit här inne en liten stund.

G1: Tiden den är märklig.

G2: Den rusar förbi dig som en vårflod.

G3: Dagarna bara försvinner, medan vi sitter stilla här inne.

M: Om det redan är vår måste jag skynda mig jättemycket så jag inte kommer försent. *Mannen och flickan lämnar kojan. Författaren avslutar samtalet och kommer fram i ljuset från brasan.*

Författaren: *Till gummorna.* Det var Oidipus. Han hade fastnat i en bilkö. Men han är på väg. Men vi kan kanske börja repetera så länge? Det dröjer ju ett tag innan han ska in på scenen.

G1: Herregud är det ni!

G2: Det är ju ni! Författaren till pjäsen. Vad gör ni här på scenen!

G3: Vi har ju föreställning nu!

F: Vad menar du!

G1: Du ser väl publiken som sitter där ute i salongen!

F: Är det publiken? Men varför har ni inte varnat mig?!

G2: Vi trodde det ingick i pjäsen!

F: Nej, en författare kan ju inte vara med i sin egen pjäs. Hur skulle det se ut.

G3: Så här?

F: Nu smiter jag iväg innan någon märker något. Jag måste möta Oidipus. Så han hinner förbereda sig innan föreställningen börjar.

G1: Föreställningen har ju redan börjat! Vi håller just nu på med slutscenen.

F: Vänta. Sa du slutscenen? Men var är då mimaren?

G2: Mimaren? Vilken mimare?

F: Det skulle vara en mimare med på slutet.

G3: Jag har inte sett någon mimare.

F: Hallå! Mauritz! Var är du? *Letar runt i stugan. Öppnar dörren ut. Mimaren står utanför dörren och försöker få upp en inbillad dörr. Till mimaren.* Dörren är öppen så du kan komma in nu.

Mimaren visar att han inte får upp dörren. Han drar i handtaget. Knuffar på den men den rör sig inte. Han börjar banka på dörren.

F: Men sluta det finns ingen dörr. Det ser du väl?

Mimaren sliter och rycker desperat i dörren.

F: Sluta, du förstör dörren. Vänta tills jag fått fram en nyckel och kan öppna. *Författaren tar fram en inbillad nyckelknippa ur fickan och provar olika nycklar. Hittar den rätta nyckeln och låser upp dörren och öppnar den. Mauritz stiger in i stugan med strålande leende. Skakar hand med författaren.* Ja, ja, det är bra, nu måste jag skynda mig iväg och hitta Oidipus. *Författaren går iväg.*

G2: En mimare. Vad ska han göra! Fastna bakom en glasvägg!

G1: Ge honom en chans va! Det är inte så lätt för mimaren att få jobb idag. Tänk dig själv alla dessa stressade människor som inte har tid att stanna till på gatan och uppleva denna sublima konstart.

G3: Sublima konstart? Han är antingen instängd bakom en glasvägg eller drar i ett rep.

G2: Det kan finnas mycket djup symbolik i det enkla.

G1: Jag gissar att han drar i repet.

G3: Jag tror på instängd i en glasbur.

G1: Vad satsar du?

G3: Glasögonen.

G1: Då satsar jag tidningen.

G3: Topp.

G1: Vänta nu gör han något.

Mimaren drar i ett inbillat rep.

G1: Ha, jag hade rätt. Hit med glasögonen. *Gumma3 ger Gumma1 motvilligt glasögonen.*

Mimaren visar nu hur han fastnat i en glasbur.

G3: Ha, vad var det jag sa. Ge hit tidningen. *Gumma1 ger Gumma3 motvilligt tidningen.*

G2: Ha, så är livet, alla tror att de vinner, men ändå har de förlorat. Vinner man något mister man lika snabbt något annat.

Oidipus kommer inspringande genom dörren. Han är svettig och rödflammig och halvt klädd i sina scenkläder. Han knuffar undan mimaren och ställer sig mitt på scenen och börja sjunga rollen som Oedipus Rex ur Stravinskijs opera från (1927). Gummorna agerar kören.

Oedipus

God has spoken to you.
He is obliged to give himself up to me.
You must deliver him to me.
I will turn Thebes upside down,
To drive that man from Thebes.
You cannot solve this ancient crime.

Chorus
The criminal dwells in Thebes.

Oedipus
God has spoken.
I solved the riddle of the Sphinx,
I will solve,
I will solve this once again,
Illustrious Oedipus,
Again I will save Thebes,
I, Oedipus, will solve the riddle.

Chorus
Solve it, solve it, solve it!

Oedipus
I promise that I will solve it.

Chorus
Solve it, Oedipus, solve it!

Oedipus
I, most brilliant Oedipus, promise that I will solve it.

Ridå.

www.ingramcontent.com/pod-product-compliance
Lightning Source LLC
Chambersburg PA
CBHW060624030426
42337CB00018B/3189